Albert Franz Doppler

1821 – 1883

Fantaisie pastorale hongroise

für Flöte und Klavier
for Flute and Piano
pour Flûte et Piano

opus 26

FTR 91
ISMN 979-0-001-09396-5

www.schott-music.com

Mainz · London · Berlin · Madrid · New York · Paris · Prague · Tokyo · Toronto
© 1913 SCHOTT MUSIC GmbH & Co. KG, Mainz · Printed in Germany

Fantaisie pastorale hongroise

Albert Franz Doppler, opus 26
1821—1883

4

5

8

Edition Schott

Albert Franz Doppler
1821 – 1883

Fantaisie pastorale hongroise

für Flöte und Klavier
for Flute and Piano
pour Flûte et Piano

opus 26

FTR 91
ISMN 979-0-001-09396-5

Flöte

www.schott-music.com

Mainz · London · Berlin · Madrid · New York · Paris · Prague · Tokyo · Toronto
© 1913 SCHOTT MUSIC GmbH & Co. KG, Mainz · Printed in Germany

Fantaisie pastorale hongroise

Albert Franz Doppler, opus 26
1821—1883

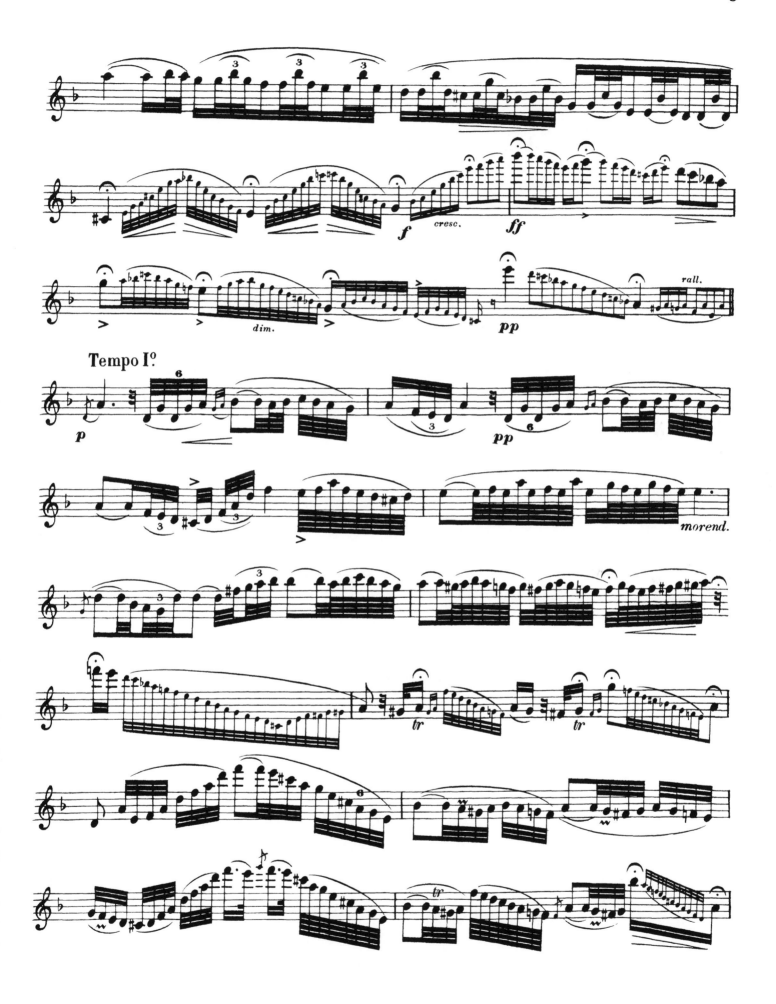

Tempo I°

morend.

rall.

Allegro